Compartir

Janine Amos   Ilustraciones de Annabel Spenceley
Consultora Rachael Underwood

Gareth Stevens Publishing
A WORLD ALMANAC EDUCATION GROUP COMPANY

Please visit our web site at: www.garethstevens.com
For a free color catalog describing Gareth Stevens Publishing's
list of high-quality books and multimedia programs,
call 1-800-542-2595 (USA) or 1-800-387-3178 (Canada).
Gareth Stevens Publishing's fax: (414) 332-3567.

Library of Congress Cataloging-in-Publication Data

Amos, Janine.
   [Sharing. Spanish]
   Compartir / Janine Amos; illustraciones de Annabel Spenceley.
      p. cm. — (Niños educados)
   Summary: Provides examples and tips for working things out fairly when
two people want the same thing.
   Includes bibliographical references.
   ISBN 0-8368-3205-1 (lib. bdg.)
   1. Sharing—Juvenile literature. [1. Sharing. 2. Conduct of life.
3. Spanish language materials.] I. Spenceley, Annabel, ill. II. Title.
BJ1533.G4A5618   2002
177'.1—dc21
                                    2002066968

This edition first published in 2002 by
Gareth Stevens Publishing
A World Almanac Education Group Company
330 West Olive Street, Suite 100
Milwaukee, Wisconsin 53212 USA

Series editor: JoAnn Early Macken
Design: Katherine A. Goedheer
Cover design: Joel Bucaro
Translators: Tatiana Acosta and Guillermo Gutiérrez

This edition © 2002 by Gareth Stevens, Inc. First published by Cherrytree Press,
a subsidiary of Evans Brothers Limited. © 1997 by Cherrytree (a member of the
Evans Group of Publishers), 2A Portman Mansions, Chiltern Street, London
W1M 1LE, United Kingdom. This U.S. edition published under license from
Evans Brothers Limited. Additional end matter © 2002 by Gareth Stevens, Inc.

Printed in the United States of America

1 2 3 4 5 6 7 8 9 06 05 04 03 02

Una nota a los educadores y a los padres

Pueden utilizar las preguntas que aparecen en **negrita** para iniciar un
debate con sus hijos o con la clase. Anime a los niños a pensar en
posibles respuestas antes de continuar con la lectura.

Sara y Ali

Ali está jugando con toda la plastilina.

Sara también quiere jugar con plastilina.

Sara le quita la plastilina a Ali.

"¡Eh!", grita Ali.
¿Cómo se siente Ali?

Dave se acerca a hablar con Ali y Sara.

"¿Qué pasa?", pregunta Dave.

"¡Quiero la plastilina!", grita Sara.

"¡Yo la estaba usando!", grita Ali.

"Pareces enojado, Ali", dice Dave.

"Y tú, Sara, ¿de verdad necesitas la plastilina?", pregunta Dave.

Ali y Sara dicen que sí con la cabeza.

"Necesito mucha plastilina para hacer
mi granja", dice Ali.

"Necesito un poco de plastilina para hacer una pizza", dice Sara.

Tanto Ali como Sara quieren usar la plastilina.
¿Qué pueden hacer?

17

Sara se pone a pensar.

"Ali puede darme un poco de plastilina para hacer mi pizza", dice Sara, "y usar el resto".

Ali lo piensa.

Le da a Sara un poco de plastilina.
Luego, le da un poco más.

"Han resuelto el problema", dice Dave.
"Los dos están compartiendo la plastilina."

Alexis y Kelly

Alexis tiene unas fresas.

Llega Kelly. "Quiero fresas", dice.

"Está bien", dice Alexis. "Aquí tienes."

Kelly agarra tres fresas.
"¡No tantas!", dice Alexis.

¿Cómo crees que se siente Alexis?

¿Qué crees que hará Kelly?

Kelly le da a Alexis una de sus fresas.

Ahora Alexis y Kelly tienen dos fresas cada una.

Algunas veces dos personas quieren la misma cosa. Si quieres algo que otra persona tiene, pídeselo. Hablen sobre lo que los dos necesitan. Juntos pueden pensar en una manera de compartir lo que desean.

Más libros para leer

It's Mine! Leo Lionni (Dragonfly)

Let's Care About Sharing!
P. K. Hallinan (Hambleton-Hill)

One of Each. Mary Ann Hoberman (Little, Brown)